FACTUM

Pour Henry de Bonair Stuart, Hiſtoriographe du Roy, & l'vn des vingt-cinq Gentilshommes de ſa Garde Ecoſſoiſe, ſur la bravoure & la conduite du Chevalier de Vandoſme, & ſur les avantages des Enfans Naturels de nos Rois, & leurs Deſcendans,

Contre la Nobleſſe & quelques Chevaliers de Malthe.

il y a Bibl. Fayon N°. 3777 et 3778 2 Manuscrits dont le second me paroit estre cet imprimé ci * celui qui a dressé le Catalogue après avoir mis par le Sr. Bonair ajoute entre 2 crochets (Ant. Varillas) je crois qu'il se trompe

Le Chevalier de Vandosme s'est rendu recommandable avant le temps, & ce Prince a fait voir en sa treiziéme année des Actions & des Vertus qui ne peuvent estre tirées en exemple. Il a remporté sur les Costes d'Espagne & à Candie une reputation immortelle ; & à Venise on luy a donné des Eloges superbes, & fait les mesmes honneurs qu'on accorde aux Hommes Illustres ; & cette Republique a mis en parallele un Enfant avec tous les Heros de l'Antiquité. Ses Orateurs ont dit en sa faveur, qu'il estoit Heros incomparabilis, qui Virtutis & Dignitatis omnes numeros implevit.

IMPROMPTU.

J'AY rendu mes devoirs au Chevalier de Vandoſme, & je lui ai donné ce matin le ſalut *Ad multos annos*, ſur ce qu'il commence aujourd'hui ſa vingt-deuxiéme année. J'ai eſté diſner avec vne perſonne de condition, où il y avoit des gens de qualité & vn Chevalier de Malte. La Religion de S. Jean de Jeruſalem a conceu & conſervé vne averſion & vne haine contre ce Prince, à qui elle doit les derniers reſpects. Elle n'oublie rien pour ſe déchaiſner & pour ternir ſa vertu, & la grande reputation qu'il a meritée de toute l'Europe.

A l'entrée de table ce Chevalier attaqua sa bravoure & sa conduite. Pour arrester sa fougue & ses emportemens, vn de ces Messieurs luy dit qu'on ne pouvoit disputer à ce Prince la qualité d'estre vn des plus braves de son siecle, & que j'estois vn de ses Pensionnaires. (Il y a plus de soixante ans que je suis serviteur de cette Royale Maison & prés de trente que ses genereux Princes ont esté touchez de mes malheurs, & ils m'ont donné retraite en leur Palais, & j'y mange à la table du Maistre d'Hostel comme vn galant homme, & non pas comme vn petit domestique. Les gens de ma naissance ne prennent jamais rien de personne, & il m'eſt deu par S.M. plus de ſoixante mille livres que je fais ſcrupule de demander, parce que je ne veux pas eſtre obligé de decliner mon nom, & de faire monſtre des ſervices que j'ai rendus au feu Roi & à l'Etat, & que j'ai continuez au plus grand de nos Monarques, avec tout le zele & la fidelité poſſible.)

Le Chevalier de Vandoſme n'a point demandé au Roi, ni voulu ſolliciter à Rome le Grand Prieuré de France. Par vn ſi digne choix S. M. fait voir à toute la Chreſtienté le beau deſſein qu'elle a de ſoûtenir & de relever la grandeur & la dignité de la

Religion de S. Jean de Jerusalem, & faire des choses si belles & si surprenantes, qu'elles éclateront à sa gloire & à celle de Malte; & elles seront favorables à la France & à la Republique Chrestienne.

Clement X. de son propre mouvement, & peut-estre par des lumieres celestes qui nous sont inconnuës, accorda vn Bref imperatif. Et sur l'opposition & les plaintes de la Religion de Malte, l'Ambassadeur representa à S.S. que l'affaire du Grand Prieuré de France lui estoit d'vne tres-dangereuse consequence; qu'autrefois les Chevaliers avoient tenu à vne faveur tres-particuliere de voir dans ce glorieux poſte des Princes & les Fils Naturels de HENRY II. & de HENRY LE GRAND; & que ſi le Roi leur avoit voulu faire la meſme grace, S. M. verroit avec quelle veneration & reſpect ils recevroient ces jeunes Princes, & ces precieux gages de ſes affections & de ſon amour. Mais que le Chevalier de Vandoſme n'eſtant que cadet & vn deſcendant aſſez éloigné, n'etoit plus que Gentilhomme. Que la plûpart de ces Chevaliers eſtoient Princes ou des meilleures Maiſons de l'Europe, & qu'ils n'embraſſoient cette honorable profeſſion, que dans l'eſperance des honneurs qu'on y reçoit ; & que ſi le Chevalier de Vandoſme eſtoit fait Grand Prieur, il n'y a point de Gentilshommes qui ne pretendent la meſme grace, & de lui ſucceder ; & qu'ainſi les dignitez & les prerogatives de la Religion où l'on doit parvenir & monter par degrez & par ancienneté, ne ſeront plus pour ces Illuſtres Chevaliers.

La condition d'eſtre toûjours precedez par des gens qui ſont au deſſous d'eux, leur ſera à charge ; & à l'avenir les perſonnes de haute qualité mépriſerōt vn Ordre dans lequel les Fils des Teſtes Couronnées font gloire d'eſtre receeus, & de répandre leur ſang pour défendre la Chreſtienté, & pour triompher des Infideles.

S. S. receut favorablement toutes leurs ſuppliques, elle en écouta meſme les raiſons, qui lui parurent bonnes & plauſibles. Mais les miennes, dit-il, ſeront generalement approuvées; & il n'y a point de Juges équitables qui ne dient & qui n'avouënt, qu'elles ſont meilleures que celles de la Religion de Saint Jean de Jeruſalem.

Meſſieurs les Chevaliers, vous eſtes, à n'en point mentir, preoccupez de paſſion; & je veux vous apprendre, que tous les Enfans des Rois ne ſont pas couronnez, & que les Fils ſont toûjours de meilleure Maiſon que leurs Peres, parce qu'ils aquierent vn degré, & qu'ils font des alliances. Mais les deſcendans des Princes Naturels rectifient la foibleſſe de ceux qui les ont mis au monde, & ils ſont plus conſiderables qu'eux. Mais la ſource & l'origine des Vandoſmes eſt tres-belle & tres-precieuſe, & il n'y a que le malheur & la mort qui l'ait ternie & dépoüillée.

Où trouverez-vous vn Prince Naturel dont la naiſſance ſoit plus auguſte & plus illuſtre que la ſienne? C'eſt le petit Fils de HENRY LE GRAND, qui a recherché ſa biſayeule en mariage ; & il l'auroit épouſée , s'il n'euſt point eſté brouïllé avec le S. Siege. Pas-vn Eveſque de ſon Royaume n'a voulu répudier la Reine MARGUERITE DE VALOIS , ni marier ce Grand Monarque avec GABRIELLE D'ESTRE'ES. (Ils ne l'ont pû ni dû faire , le S. Siege eſtant juge immediat des Rois & de tous les Souverains.) Elle étoit d'vne grande & anciénne Maiſon. Son Pere & ſon Aieul ont eſté Officiers de la Couronne ; & Raoul d'Eſtrées s'eſt fait connoiſtre dans les guerres de la Terre Sainte ſous le regne de ſaint LOUIS. Il eſtoit Mareſchal de France , & avoit fait alliance avec la Maiſon Royale, auparavant que les noms d'Autriche, d'Ottoman & de Medicis fuſſent en vſage & connus dans le monde. Mais HENRY IV. s'étant bien remis avec CLEMENT VIII. paſſa vn Contract de mariage avec cette belle & incomparable Perſonne, il en a pourſuivi la diſpenſe; & ſi elle avoit encore vécu huit jours, elle auroit eſté couronnée, & le Chevalier de Vandoſme, que vous inſultez, ſeroit Fils & Frere de Roy.

N'eſtes-vous pas charmez & éblouïs de ſa Vertu & de ſon Merite, & de ſa valeur & de ſon courage? Où trouverez-vous vn Prince qui a ſon âge ait exposé ſa vie pour la défenſe de la Foi contre les Turcs. Avec ceux de ſa ſuite & ſes gens n'a-t-il pas fait ferme contre vne armée infidelle. Il a receu ſur ſes armes des coups de mouſquet, & ſes cheveux & ſes habits ont eſté brûlez & rompus dans le grand feu que faiſoient ces barbares. Le bonheur & la guerre ont épargné ce jeune Mars, qui excitoit l'armée à ſe reconnoiſtre, & à faire triompher la Croix du Croiſſant; & les troupes de mer à courir au ſecours de leur Amiral, appellant les Officiers par leur nom, pour les rallier & pour vaincre vne ſeconde fois les Infideles, les détruire & les recoigner, comme avoit fait le Duc de Beaufort, jusques dans la neuve Candie. Il a acquis l'honneur & la gloire de cette fatale journée; & par cette belle & glorieuse retraite, vn Prince & vn Enfant a fait voir qu'il estoit vn illustre rejetton de la Maison Royale de France; & à treize ans il a passé pour soldat & pour Capitaine.

Les siecles passez n'ont rien de comparable à ce jeune foudre de guerre, qui a perdu le Duc de Beaufort son oncle, & les esperances qu'il avoit de le seconder, & de remplir la Charge d'Amiral. Un Prince, dis-je, de cette suprême vertu & de cét invincible courage, peut-il demeurer sans emploi & sans recompenſe ? Ne ſont-ce pas ſes Peres, qui ont donné à voſtre Religion, les biens immenſes, & le Grand Prieuré dont il eſt ſi digne, & qu'il a merité par ſa Royale naiſſance & par ſes ſignalez ſervices, que vous lui diſputez injuſtement, & que vous lui voulez ravir par vne violence ouverte ? Vous devez tenir à gloire, de voir ce jeune Heros à voſtre teſte, & de ſoûtenir & de ſeconder ſa force & ſa vaillance. Sans laſcheté & ſans ingratitude vous ne ſçauriez vous plaindre de la Grace que le Roy Tres-Chreſtien lui a faite, & de la juſtice que je lui ai renduë.

Les Illuſtres Chevaliers

tiennent à grand honneur de voir le Prince de Vandosme au dessus d'eux. Celui de Harcourt qui est vn des plus grands sujets de sa Maison, ne murmure point. Il semble qu'il n'y ait point d'interest; & s'il y a de la justice & de l'honnesteté à Malte, il doit estre éleu & fait Grand Maistre. Sa haute naissance & les beaux exploits de guerre qu'il a faits pour la Religion, parlent en sa faveur, & apparemment ils doivent estre couronnez.

Il n'y a que les petits qui font du bruit; & celui-cy m'ayant regardé fierement & avec mépris, poursuivit sa pointe, & voulut donner quelque

quelque couleur à des chimeres & à des fantosmes d'esprit dont l'Ordre s'est entesté. On blâme son retour de l'armée, aprés la mort du Maréchal de Turenne, qui est sans contredit la plus belle & la plus judicieuse action de sa vie. Ce Grand General avoit choisi ce Prince pour le mettre au jour de la bataille, à la teste de la Cavalerie. Il fut outré de douleur de la perte qu'il fit avec toute la France. Aprés huit campagnes, il s'est estimé bien mal-heureux de n'avoir pû trouver vn poste, pour combattre avec honneur, & soûtenir les armes du Roy avec gloire. Qu'auroit dit toute l'Europe, d'vn jeune & vaillant Heros, qu'elle a jugé digne de presider dans les Conseils, & de commander les armées de la Chrestienté, s'il se fust commis & mêlé avec des Carabins & des Dragons?

S'il a demandé congé au Roy, pour venir donner ordre aux affaires de sa Maison, & pour la Coadjutorerie du Grand Prieuré de France: c'est aprés les prises de Condé & de Bouchain où il s'est signalé, & que le Prince d'Orange s'étoit toûjours tenu couvert par des defilez & des rivieres, pour esquiver & se garantir des armes & de la presence du plus grand Monarque du Monde, & qu'il avoit refuſé de donner bataille. Il eſt vrai, que le Coadjuteur du Grand Prieuré n'eſt pas entré au Temple avec la Croix & la Banniere; il a viſité ſeulement ſon Hoſtel, & Madame la Marquiſe de Valencé a grand ſujet de ſe louër de ſa civilité, & de ce qu'il luy laiſſe vne ſuperbe Maiſon, qu'il a droit d'occuper. Tous nos Coadjuteurs aux Eveſchez, en l'abſence des Patrons & des Prelats, ſe logent dans leurs Palais; & s'ils y trouvent des Parens ou des Amis des Eveſques, ils les en font ſortir, pour en prendre poſſeſſion, & faire toutes les fonctions qui regardent la dignité de leurs Charges.

Que n'a-t-il point fait en Flandres, en Hollande & en Allemagne? C'eſt le ſeul Prince qui a paſſé le Rhin à la nage. A l'entrée du Betau il gagna vne Enſeigne & vn Etendard qu'il preſenta au Roi, & courut avec le Prince de Condé à l'occaſion où le Duc de Longueville a peri, & ce premier Prince y fut dangereuſement bleſſé. Ceux qui ont veu ce Chevalier avec le Duc de Vandoſme, aller ſi hardiment dans le feu & faire l'ouverture de la Tranchée de la ville d'Arnheim à la portée du piſtolet, ne furent point ſurpris de l'honneur & de la gloire que deux jeunes & magnanimes Princes ont acquis en ce Siege. Ils vouloient encores'aller faire connoistre à Nimegue. Mais le Vicomte de Turenne les arresta, & il leur dit, *Que c'estoit trop*. Ce Mareschal General pria le Roy de les conserver & de les tenir prés de sa sacrée Personne; & il dit à ces Princes ces belles paroles, & de grands mots qu'il faut graver en lettres d'or sur le marbre & le porphyre, pour en conserver la memoire aux siecles à venir, & les rendre éternels. *Vous devez, Messieurs, user à l'avenir de vostre valeur & de vostre courage avec plus de prudence & de moderation, & de n'exposer pas à toutes sortes d'occasions des vies si cheres &*

ſi precieuſes. A la bataille de Seinſen on attaqua le Duc de Lorraine dans ſon Fort. Le Chevalier de Vandoſme eſſuya le grand feu & la reſiſtance la plus opiniâtre qu'ayent jamais faite les ennemis. Il rompit & mit en deſordre ce Duc. Son Ecuyer y receut quatre bleſſures, vn de ſes Pages vn coup de mouſqueton à brûle-pourpoint, & ſes gens furent auſſi toûjours mêlez avec les ennemis, juſques à ce qu'ils furent pouſſez & mis en fuïte.

Sa Conduite & ſa fierté ont paru dans les Cours de Rome & d'Angleterre, de Veniſe & de Savoye. Celle de France en peut rendre de grands témoignages. Quelques faux braves & des Anoblis ne peuvent digerer les affronts qu'il a faits à la canaille & à ces ordures du Louvre qui lui ont manqué de respect. Les Princes ont le mesme avantage sur les Gentilshommes, que ceux-cy en pretendent sur les Bourgeois & les Païsans; & ces petits Nobles sont indignes de sa colere & de son indignation.

Dans les Cavalcades, les courses de chevaux, à la chasse & par tout, il se fait toûjours connoistre & remarquer; & quand il a parié avec le Grand Ecuyer de France, il a fait voir que ses chevaux estoient les mieux dressez &

les plus viſtes du Royaume. C'eſt au Bois de Boulogne où les acclamations publiques & les cris d'allegreſſe de VIVE VANDOSME, ſe ſont fait entendre. Mais comme parmi les joüeurs, il y a plus de fripons que d'honneſtes gens, il ne faut pas luy faire reproche que les filoux & les eſcrocs lui coupent quelquefois la bourſe.

Il faut finir cét Impromptu, & dire que les Princes de Vandoſme regardent avec reſpect & ſoûmiſſion le Comte de Vermandois, & le Duc du Maine leurs aînez. Ils ſont bien éloignez de l'humeur ambitieuſe des Officiers de la Couronne, & de quelques

Cadets de la Principauté, qui ont de l'envie & de la haine contre des Princes qui ſont leurs Superieurs, & qui ont droit de les commander. Ils peuvent devenir leurs Maiſtres ; & HENRY IV. s'eſt veu precedé de huit teſtes qui devoient regner. Il les a ſurvécus à trente-ſix ans, & il a eſté vn des meilleurs & des plus grands Rois de France.

C'eſt vne grande ſatisfaction aux Princes de Vandoſme, d'avoir des prerogatives & des avantages qui font honneur au Comte de Vermandois & au Duc du Maine. Ils portent ſur le viſage des caracteres de Grandeur

&de Majeſté, &ce je ne ſçai quoi de doux & d'humain, qui ſiéd ſi bien aux Princes. Il eſt auſſi-bien avantageux au Comte de Vermandois & au Duc du Maine, d'avoir les Princes de Vandoſme pour les ſuivre, & pour porter aprés eux les Fleurs de lis & la reputation de la France. Ils ſont tous dans vn poſte ſi glorieux & ſi relevé, que le Roy & ſes ſucceſſeurs ne ſçauroient reconnoiſtre les Princes de Courtenai & de Portugal à leur prejudice; & ce doit eſtre à la charge de les ſuivre, & de ne parvenir à la Couronne qu'aprés eux, en leur rang, & par le droit de conſanguinité, les Bourbons les premiers, les Vermandois les ſeconds, les du Maine les troiſiémes, les Vandoſmes les quatriémes, les Courtenay les cinquiémes, & les Portugais les derniers. Et dans le poſte où HENRY LE GRAND a mis les Princes de Vandoſme, & par la Loy Salique & par l'Ordonnance de HUGUES CAPET qui la confirme, tous ces Princes du Sang doivent ſucceder à la Couronne. Et c'eſt le Sang des Dieux qui coule dans les veines des Bourbons, des Vermandois & des autres, à la difference des Cadets des Maiſons Souveraines qu'on nomme Princes étrangers.

Les Fils Naturels des Rois

reconnus & legitimez, & tous leurs descendans, sont Princes du Sang, vnis à la Famille Royale, & associez à l'Empire. Ce seroit vn crime de leze Majesté de les vouloir preceder, & vne breche à la Loy Salique. C'est la plus belle marque, & le plus illustre Monument de nostre venerable Antiquité; Et c'est vne preuve certaine & évidente, que nos Peres ont esté d'excellens Hommes. C'est aussi vn presage asseuré de la future grandeur de nos Rois, & que nostre Monarchie doit estre éternelle.

Aprés la mort du Connestable de Bourbon, & que la branche des aînez fut éteinte à la priſe de Rome, les Princes de Vandoſme puînez de cette Auguſte Maiſon prirent les Armes ſimples de Bourbon, dont la bande avoit eſté chargée de trois lionceaux. Si la branche de Bourbon-Condé, que Dieu conſerve, venoit à faillir, les Princes de Vandoſme prendroient le nom & les Armes de leurs Aînez, parce que HENRY LE GRAND a deſiré faire revivre le Nom & la Tige des Ducs de Vandoſme, dont il eſtoit iſſu, & la perpetuer en la poſterité de ces Princes. Le Comte de Vermandois & le Duc du Maine les primeroient ſelon l'ordre de conſanguinité. Et à la

Cour & dans les armées, eux & leurs Descendans doivent estre logez preferablement aux Officiers de la Courone & des Princes étrangers, & à nos Generaux, quoi-qu'ils ne soient qu'Officiers ou Volontaires.

Le Connestable de Lesdigueres qui a passé pour le plus grand Heros de son siecle, & dont l'exemple doit servir de regle à toute la posterité, avoit esté domestique & Gendarme de la Compagnie de l'Illustre de Gordes, Lieutenant de Roy en Dauphiné. Le plus excellent des hommes & qui est allé le plus loin, a monté par tous les degrez d'honneur au souverain periode de la Vertu & de la Gloire. Il a toûjours fait passer & mettre à table devant lui le Marquis de Gordes petit-Fils du premier Gentilhomme de sa Province, par generosité & par grandeur de courage. On sçait bien qu'à la guerre, dans les Ceremonies, & lorsqu'il s'agit d'vn point d'honneur public, vn homme de fortune est forcé de preceder son bienfaiteur, & vn cadet son aîné. Mais dans la confidence, dans l'honnesteté, & pour la gloire de la famille & de la gratitude, les aînez & les gens de hauteur precedent leurs cadets & leurs inferieurs. La Nature & la Vertu doivent triompher toûjours de la fortune & du bonheur de tous les hommes.

Le Maréchal General de Turenne en a vſé de même avec le Chevalier de Vandoſme; & c'eſt ce qui l'a attaché ſi fortement auprés du Capitaine des Princes, & du Prince des Capitaines. Les Princes doivent eſtre conſiderez de la meſme maniere par les Generaux d'Armées, & ils ne paroiſſent leur inferieurs que dans le commandement & pour le ſervice du Roy. Mais eſtant d'vne autre condition, & au deſſus d'eux, ils ſont leurs Maiſtres & ont droit de les commander.

A Paris le 22. Aouſt 1676.

H. D. B. S.

www.ingramcontent.com/pod-product-compliance
Ingram Content Group UK Ltd.
Pitfield, Milton Keynes, MK11 3LW, UK
UKHW012124240726
13965UKWH00005B/1962